Allusions of the Soul

BELLA VIDA

ISBN: 9798430337858

Table of Contents

PREFACE

"Who Am I?" It's not just the title of one of the poems in this book, but also the question that helps define a person's role on their life path.

This book is a selection of introspective poetry that conveys the life experiences of Bella Vida.

Her compilation speaks with great empathy to all who struggle fitting into society.

The events we encounter in life are the chapters that produce our story. We must never lose sight of "Who We Are" for it is every life experience that evolves us into our purpose!

DEDICATION

"I've learned that people will forget what you said, people will forget what you did, but people will never forget how you made them feel."

Maya Angelou

"Yes, at that time I will deal with all who oppress you. I will save the lame and gather the outcasts; I will make those who were disgraced throughout the earth receive praise and fame."

Zephaniah 3:19

This book is dedicated to all that feel and/or believe that you have no place in society. It is an acknowledgement of how you feel, a reminder that you do matter, that you are loved, that you do have a lot to offer. Your presence holds a very special place in this world, and you were created for such a time as this! I KNOW because I AM YOU! You inspired and helped me to find my voice. Now let me return the favor and help you find yours. May you be empowered by the words of my attestations!

ACKNOWLEDGMENTS

First and foremost, to my Heavenly Father, thank you for the inspiration, ability, and opportunity to touch lives via the creation of this project.

To my father Ramón and my mother Teresa thank you, for being the vessels that God used to bring me into this world.

To my beloved son Rafael, thank you for always believing in me and not giving up on me.

To the many sons and daughters the Universe has gifted me with (you all know who you are), as well as the beautiful souls that support me as a poet and encourage me, thank you!

FUELING FLAMES

MEMORIES OF TOMORROW

The idea of love was a fantasy
Only read in books, too hard to believe
Then I realized fairy tales come true
That you found in me, what I found in you
As the sun illuminates the day
And our paths crossed each other's ways
The warmth of your smile brightened up my life
That cold and lonely winter night
Everything was magical, possible, exciting, and brand new
As long as we had love, there's nothing we couldn't do

Love is patient, Love is kind
It's not self-seeking nor with pride
Its hopes are fadeless under all
That's why true love endures it all

How many of us can truly say
We understand the words we say
We use words loosely we don't mean
God showed true love for you and me!
We shared our laughter and our pain
We were always honest in what we'd say
We shared our hopes as well as dreams
But was it unconditionally?

A great bright future we can obtain
The promise of the things to gain
Are they just part of yesterday?
Vows that will slowly fade away?
We can't just be in love with love
Cause that will never be enough
And so, I learned to love myself
Enabling me to love someone else
Let's pray His love we can receive
And heal our hearts if we believe
May He restore the "us" in trust
Through this miracle called love
And may the memories of our hearts furrow
Be the "MEMORIES OF OUR TOMORROW"!

MIRAGE

It's a cruel harsh reality
Sitting here by myself
Feeling so angry, so upset
Disappointed with myself
My head full of regrets!

I guess it's my fault
Allowing myself to believe
Broken promises you whispered to me!

"I prayed for you, you're the one for me
I want with you to forever be
I guess you were in love with the idea, not me!"

Otherwise, you would not have left
I guess you're just like all the rest
Who say a good woman they want to find
But it's all BS, just one big lie that they
cannot even believe themselves!

You're just a masochist down deep inside
Who "seeks" a lady but really wants a trick
You enjoy the tactile stimulation
And to the good girl you give humiliation

Like a mirage the delusion is quite the fantasy
I'm guessing that's the difference between you and me
I try to keep my feet grounded
while wearing my heart on my sleeve

You believe you see the truth
but have false perception instead
Sometimes I wonder what's going on in your head?
Cause half the stuff you speak doesn't make any sense!

IGNORANCE IS BLISS

I guess I failed to see the heart of your soul
You felt so warm on the outside,
yet your heart was so cold

You serenaded me with what I needed to hear
Promising you'd never leave me that you'd always be here

Like a shade was your love on a hot summer day
That cool breeze that refreshes my face

Little did I know that your love would hurt me that way

I hate it that I love you!
I wish I never met you!

But I'm glad that I did
Because it just goes to show you that Ignorance is bliss!

BETRAYAL

For so long, you looked me in the face
and made me believe
That I made you unhappy and the problem was me
In the meantime, you decided other faces to seek
With Latin American chicas up in your passenger seat

The faces that kept you company when you'd secretly drive
To go God knows where at all hours of the night
Did you think I didn't know?
That I wouldn't find out?
Did you ever wonder why I did a round and about?
Instead of moving with you when I had to move out?

I couldn't stand looking into your deceiving eyes
I'd rather look in the mirror staring at myself cry

Crying from anger and crying from pain
I never thought you'd disrespect me this way
Asking me to move in while after another you chased
So, her words and her body, could keep you entertained

The truth of the matter is I was foolishly naïve
I thought you were my friend
and I'd be the last one you'd deceive

FACE-OFF

Millennia ago, it used to be
That men could lie when they would cheat
Then they shifted their game where
they used the "truth tactic"
Talking about "I could've denied I'm in a relationship
but at least I'm keeping it "100"

Now, the new trend
is that they mention "God" in their recital
Like that makes them some kind of American idol?
These men profess to be "men of God, to be focused!"
Would even be in a relationship for years
and never complain
And keep coming back for more
like a roach addicted to bait

Meanwhile all the time they talk to females on the side
and expect a woman
To act the same?
And pacifically negotiate?

Then when a queen breaks up with a king,
he'll say he wanted
To build with her and it wasn't all about sex
Yet his last words to her were:
"Since I compromise your walk with God
then hit the steps"

You've got the nerve to be
Judging a queen by the condition of your heart
and your iniquity? Boy please!

If they were such "men of God"
and prayed three times a day
There wouldn't be any room for them to make a move,
causing a queen to follow their lead,
and dishonor God in the first place!

They bash those that straight up tell a woman
all they want is some sex
Yet they want the same thing!

They just try to do it on the sly
Hiding behind Bible verses
And the prayer line
Then when a woman slams the brakes
and shuts them down
They want to turn around and come at a queen sideways
Making her feel some kind of way

They profess to have the character of God
Acting like she's the hoe and quote on quote "easy bait"
Boy please don't disrespect my Heavenly Father that way!
But you best believe the one will come
That they can't escape
and that they will confront face to face

Her name is the truth and she'll make them her b****
And since they like it rough the façade
they're wearing she will surely strip

And since they're into more than one woman at a time,
She'll introduce them to her friend Karma,
who will make sure to give them the time of their life

You've got the nerve to be
Judging a queen by the condition of your heart
and your iniquity? Boy, please!

NEVER LEFT BEHIND

Little girl, have no fear I'm standing right here
Little girl, don't cry I'll give you wings to make you fly
Little girl, don't fret you've got me and I'm the best
Little girl, don't worry you're much stronger than you think
Little girl, leave him, you don't need him, you deserve better
Little girl, you're not alone, you've got me,
and your father in heaven
Know your value little girl and then you'll realize
You are happy, you are whole, and you're not so little at all
That I am you and you are I,
and I have never left you behind

HURT & DISAPPOINTMENT

ENDURANCE

Why am I here?
I stand alone and I'm lost in fear

Praying for redemption trying to fill the empty space
Will I make my way to Heaven or to Hell's gates?

It's a cruel world and people can be so cold
Can't tell if I'll be become bitter or a better soul

His word says that love covers multitude of sins
Yet I mostly contemplate not feeling anything within

This way pain can never hurt me again
Caused by those who say they love me
and who called themselves friends

Help me, Father; rescue me, from the enemy within
The one who doubts I'm going to make it
and who tells me to give in

Bless the Lord oh my soul, forget not His benefits
Because my father and my mother abandoned me
And Lord Jehovah took me in

Hang in there my soul, just a little longer that's all
Many are the afflictions,
but the Lord delivers us from them all

INTRICATE LIFE

Why is life so complicated?
Makes me angry and devastated
Losing faith in people and losing hope in faith
Bad things happen to good people
This I've never understood?

So much struggle and little gain
How could we mitigate the pain?
I look in the mirror and ask, "Who's this?"

What happened to the girl who used to feel good within?
The one I see hurts every bone, ligament, and muscle
Yet every day, she grinds and hustles

She's trying to catch up but falls more and more behind
She wants to believe in fairness
but there's no justice she can find

It's getting harder and harder to read in between the lines
When lies are blended with the truth they are easy to disguise

MASQUERADE

We see faces but not the intentions of the heart
That muscle that produces both life and pain
Many are clever and inside it find their way
And so swiftly they can just tear it away

Stealing its beauty, sensitivity, and shine
In the Land of Oz,
heartless Tinman left behind

But see here's the thing,
That we got to remember
People are who they are, and we cannot change them
So, when they tell you who they are,
believe them the first time

Don't fall for the trickery of their kindness mixed with lies
Because misery loves company,
but I'm not going to give them mine

This world will never be absent of the haters and the fakes
Or of those that simply want to take your shine away
So don't be surprised!

Real people should impress you
because now those are hard to find!
And this is my thank you note to them,
for helping me to stay

Grounded!

SHADE TO SHADOW

It's amazing how we go from shade to shadow
From a safe and cool place to a haunting tomorrow
From a place of shelter to a place of gloom
From the rain in the desert to a desert of no rain

The one in the mirror is the one that hears
It's the one person that is true and near
Anger, hurt, emptiness is all I see
How could these get the best of me?

Your love is all I need
This is why you died for me
You gave your life so I can live
I'm so numb Lord help me forgive

Set me free! So I can live!
Set me free! Help me to escape what's inside of me!
Set me free! Come rescue me!
I don't want to live in this agony! Come set me free!

It's amazing how we go from shade to shadow
When we look at what seems like a lonely tomorrow
But if we take a moment to truly listen
We realize His presence was never missing

Inside this body I hurt and ache
No one understands the pain I feel today
Reach inside my soul come and set me free
Help me be the woman you made me to be

Set me free! So I can live!
Set me free! Help me to escape what's inside of me!
Set me free! Come rescue me!
I don't want to live in this agony! Come set me free!

May I see what you see in me
Set me free! Take away the blindfold that was put on me!
Set me free! Help me to believe that your love is the key
to setting my heart free!

STUCK IN NEUTRAL

Why does my soul feel so hollow?
Why can't your love fill that void?
Have I no faith?

Why is this sense of rejection and abandonment
stronger than me? Overpowering me?
Why can't I find any purpose and/or peace?
I can't escape the fear and anxiety
I feel as if I'm STUCK IN NEUTRAL!

Pain is the only thing that reminds me I'm alive
I feel like ending it all, but I think of those that stay behind
I'M STUCK IN NEUTRAL!

Maybe it wasn't a mistake for my mother to say,
she should have aborted me, than to see my birthing day
It already feels like I'm dead anyway
I'M STUCK IN NEUTRAL!

The irony of life!
I'm truly thankful for my blessings
yet can't see the color of life.
Where do I fit in your beautiful design?

You say I'm a piece of the puzzle
that seems to have no matching sides?
Deliverance and freedom, peace, and joy I have yet to find,
in this thing "My so called life"

Where I smile and offer hope to everybody
but me at the end of the day
I seem to be in a way too deep and hard to reach place
A place that I like to call …. NEUTRAL

TRAPPED IN A BEAUTIFUL BODY

She's blessed with beauty there's no doubt
Her pastel skin and slender figure with ebony hair

A smile that lights up the entire room
like a breath of fresh air
Bronze round eyes that pierce through your soul

The envy of women and admiration of men!
What would they say if they knew that rather than freedom,
she was a slave instead?

All the exit doors are closed off
whether she looks outward or within
She's trapped in a beautiful body not knowing where to go

Just like a figure set in stone,
she is a slave of her mind, body, and soul
A prisoner that cannot free herself
of the emotions she withholds

A sense of abandonment deep seated in her heart
The daily pain in her body that constantly tears her apart

Wishing she can fly away, escape, and be free
Without being afraid to be comfortable in her own skin

Free to be beautiful!

ALONE WITH COMPANY

Can't believe the pain I feel, sense of abandonment so real
So much heartache deep inside,
sadness overwhelms my mind
Now it's playing tricks on me,
stuck between imagination and reality

I never thought that this could be,
and that it could happen to me
To feel so lost and so alone, in a room full of people
It's like I am invisible, I wish I was invincible
To overcome the loneliness that's felt,
in a room full of company

So much suffering and pain,
mistakes I've made along the way
Situations I can't change,
I just don't know what else to say
So many emotions inside,
I want to laugh and want to cry

Losing hope along the way, can't I just sleep it all away?
And wake up in a better world? One of fairytales?
Where dreams come true
and we're all happy with our roles
One that my heart must console?

What do I have to do? What do I have to say?
Because right is wrong, and wrong is right
And either way I waste my time

I am hanging by a thread, without anything being said
Don't know how much longer I will last
You said you'd keep me till the end
and that on you I can depend

Come step right in Lord Take control,
you're my hero, save my soul
Come free me, save my soul
That's dying, in a room, full of company

NOTICE TO SOCIETY

Most likely you won't have time for me, or for this to read,
since you're too busy viewing your FB posts,
Instagram likes, and Twitter feed
Oh, and when I say me,
I'm not just talking about yours truly

I am the face of your relative, friend, neighbor, coworker,
that time and time again
tried reaching out to YOU reading this right now!
I represent all of those that suffer in silence,
while always pouring themselves into others

We! The ones that supply oxygen
on a day to day to everyone else,
and while we kept you breathing;
no one noticed we were on life support ourselves
Those that for this one moment in time,
are down, and can't get up

Yet everyone just rolls over us like speed bumps
Not even realizing we aren't inanimate objects
and have heartbeats
You freaking hypocrite!

It's amazing how everyone is so freaking "woke"
yet so comatose with the Oscars!
See people are not just dying in Ukraine,
but also all around you
Difference is, unlike the war,
you actually have the opportunity
to safely be a hero and save a life.
Yet you are a coward, indifferent, and too preoccupied

I'm not going to say I hope you miss me when I'm gone,
because truth be told, if you don't miss me now,
you definitely won't miss me then

What I do hope is that my voice and image haunt you
in the memories of our videos together,
in a voicemail, or by the lyrics of a song
That my face haunts you in a picture
or through someone else that looks just like Me!

You deserve to feel remorse! You deserve to feel like trash!

Don't you dare cry for me!
Pretending like you give a crap
for the sake of guilt or appearance!
Keep your flowers!
Keep your tears!
I won't need them anymore!

Don't even bother to come to my funeral if I even get one
And if you still have the audacity to show up,
then at least keep it real

Just walk by my coffin and flash me with the middle finger,
because at least it will match the eff you treatment you're
giving me right now with your indifference

At times when I was drowning
you could've thrown me a life jacket,
but you were too busy

When I hated life and felt meaningless,
you could've given me a word of encouragement,
because you were too self-absorbed

Maybe now I've truly woken you up!
Maybe now you'll see the red flags and the signs!
Maybe now you'll do better next time
and not turn a blind eye!

You see you could've easily been part of the solution,
sparing just a few minutes of your time
Yet you simply chose to be another reason why life to me,
seemed better on the other side

DON'T QUIT

I have so much pain each day
In too many body parts that simply won't go away
But most of all it's my heart that aches
But I keep telling myself:

"Don't you dare cry, be tough inside!"
"Don't let them know what you keep behind that pretty face
and broken smile!"

Inspiring, motivating, and shedding light
To all of those that fight to stay alive

The question is will I reach myself?
Rescue me, from the living hell, no one can see

Each day I feel I'm losing grip
As I am buried deeper and deeper within
Every moment I slip away just a little more

In the rejection, the slighting word,
the judgment, the criticism,
and even greater is the indifference

The silence that can mean many things
and yells "I don't care!"
I ask myself "why are you here?"

Then I try to convince myself
"Have no fear! You will soon figure it out!
All things will eventually pan out! You have purpose!
There's a plan beyond the shadow of a doubt!"

GRATITUDE

MOMMY DEAREST

The Bible says: A virtuous woman, who will find her?
Admirable is she among the others dedicated, determined,
With Courage every day she feeds, dresses,
and takes care of her family
Responsibly you took care of me, Mom
Whether I was sick or scared by a nightmare
Giving everything for nothing
With great honor I crown you "Best Mother in the World"
I can proudly say that you are "My Mother"

LITTLE BIRDIE

It's the law of nature, it happens every day
We see birds leave the nest,
spread their wings, and fly away
Even though it's necessary so that they can find their way
It certainly leaves behind a unique and empty space

Just be careful little birdie
don't be so desperate to fly away
It's a cold world out there; it can be cruel in many ways
Always call out to your daddy
that He may keep you in all your ways
He'll never leave you nor forsake you
entrust in Him all of your days

I will pray for you little birdie,
I will send lots of love your way little birdie,
Pray you're safe, warm,
blessed and sheltered every day
And that from His holy presence,
you never, ever, ever stray!

PRICELESS

When they list my greatest accomplishments of all time
My greatest legacy will be one of a kind
See it's not a material item left behind
That can be validated or obtained

It's the most valued prized possession
any human can attain
Oh, how fortunate am I to have been blessed this way!

I'm not simply saying this because you carry my DNA, but
Because you are a Resilient, Amazing, Fearless,
Awesome, Eclectic, Loving soul

Your music imprinting one life at a time
God's grace and favor through you surely shine
You are called to lead His people
to walk by faith not by sight
To do exploits by the power of His might
Your presence impacts this world as a whole
Your story will be one of the greatest ever told

You were destined for greatness of this I am certain
This is why I'll stand proud before they close the curtain
While holding the "Mom" trophy
as my greatest possession
To have loved and mothered such a beautiful legend!

LOYAL KINDRED

Izzy who likes to drive that go-cart to keep himself busy
Izzy and Ralph tying up the phone lines
Talking about Yu-Gi-Oh and Wrestle Mania time

His grandma in the background yelling "get off the phone"
in her Jamaican tone
Good Times that will never grow old

Singing to radio tunes in the van,
While on our way to Toys R Us land

Birthday party gatherings with family and friend
His grandma asking Ralph
if he wants to walk with some cake in hand

So many memories that we cherish
With Izzy who's not blood, yet more than a relative

He's kind, caring, respectful, and giving
But he can also give you a good ass whipping

My son from another mother who always checks in on me,
whom I love, and will never forsake,
For a lifetime of more memories we have yet to create

IMPERFECTLY PERFECT

I am so thankful you came into my life
You came my way like a radiant, multi-colored leaf blown
by the wind, on a beautiful autumn day,
and my life has never been the same

You filled an empty space in my heart and soul;
I did not even know was there
You see, I never imagined,
the joy that came with having a daughter
I now know and have this thanks to YOU!

My world is a better place because you are in it,
my precious, not so little, baby girl
The beauty is that I love you,
more than if I had birthed you myself

While it would have been a great privilege,
I get to love you, not because you are my flesh and blood,
but just because!

Just because you are gorgeous, inside, and out Just
because you are a loving, kind,
generous, smart, talented, gifted, unique individual

You have such a capacity to love
and touch the souls of multitudes, with your bright light
Just because you are both strong as iron, yet fragile as glass
You are fearless as a lion,
yet vulnerable enough to show your emotions

Resilient like a deep-rooted tree,
yet frail enough to fall and get back up
Grounded like an anchor,
yet unfounded enough to be swept away by love

You are my little Pumpkin, what I like to call

Imperfectly Perfect!

DEAR JOHN

I want to start by saying that I love you so much
My beautiful nephew sent from above
You're such an inspiration at such a young age
I can't even find the right words to say
When loss and pain tore you down
Your resilience picked you right up from the ground

You weren't wrong when you said
People don't know the behind the scenes,
The behind the curtain price and fees
The tears, sweat, loneliness and pain
These are the things it costs for success to gain
I'm so very proud of you and I wanted you to know
And so I decided to write you this note

Please never forget that you're not alone
I am truly here if you need a hand to hold
To regurgitate great moments down memory lane
Like the great Cowboy days at Osceola High
when I'd proudly yell your name
holding my number 21 sign

Or the times we'd ride The Mummy
ten times back to back
To then go to dinner and the movies without rest
These times were surely some of the best.

Whether it was dancing to Beyoncé's *Single Ladies*
To missing the football
and busting your ass on the ground
You certainly always found a way to stand out

From your first visit to Burger King
To the king you are today
I will always cherish you the same way
So, cheers to the future
and to memories that will never fade

DEFINITION OF A FRIEND

A friend is one who is there through thick and thin
Who doesn't care where your past ends or begins
Who never passes judgment
even when you're not your best
Who cries with you, laughs with you
and always has your back
Who literally bites the bullet that is aiming at your chest
To avoid feeling the pain of having to put you to rest

One that is willing listens as well as willing to share
Someone that loses sleep
while living through YOUR nightmares
That helps you carry the burdens that are too heavy to bear
And even during your arguments
your secrets they do not share

No matter how close or far, or long ago you left
They're always happy to see your beautiful face again

Who stands up for you, defends you,
gives you the shirt off their back
Just to make you feel sheltered, so you never have to fret

So many things we can add, so many questions we can ask
And so my question for you is:
Are you the definition of a friend?

RISING FROM THE ASHES

GRAY

Anxiety and uncertainty want to get the best of me
Thinking and Looking back at what they did to me
It's pointless and I am self-destructing
I found and attracted them because of my mindset

Let the past go! It doesn't matter!
The key isn't forgetting
The key is learning to see it
through the lens of God's grace and sovereignty

Discovering how He can turn bad things
for good in my life
If I trust Him, I know I'll shine bright
To live life loving what I do
and to go out doing what I love

Things are not all good or bad
They're not all black or white

The gray area is where the good stuff is
Because it's where the discovery is at

HOW I LOVE THEE, HEART OF MINE!

Toughen up, oh heart of mine
for you've been hurt so many times
How many times is it going to take
to stop allowing the same mistakes?

To allow just anyone into your life
because they say they love you twice?
Take a hard look real deep inside
at all those wounds they're not a lie

They've bruised you over and over again
Each of those lovers that you called friend
You thought true love you'd finally found
Each of those times you were let down

I've got to say you came real close, this last time,
to find true love, one of a kind
He certainly is a special type,
the kind that captivates your heart
The type who sweeps you off your feet
and despite the pain you want to keep
The type that's so hard to shake off
and like a ghost forever haunts

So many laughs, so many first times
So many good times left behind
So many memories that will never fade

I wish it could erase the pain, of the illusion that it creates
It hides the deception, it hides the lies,
and you fail to read between the lines

Wake up! Be strengthened, oh heart mine!
You can't stop beating please stay alive!
Please don't grow cold, desensitized

True love is real and pure and bright and
your precious knight you've yet to find
You'll love again, oh heart of mine

BEAUTY AND THE BEAST

I heard a message the other day that said
that we're all part beauty and part beast
The beast is the side of us
we don't want anyone else to see
This is why jealousy is such an evil thing
Cause nobody has it together just as well as you may think
You have so much to offer you have so much to give
Yet you feel shortchanged by the beast you have within

See while you're focusing
on that other person's great abilities;
it's the beastly things that built them
to become who they were predestined to be
It's the fire that ignited their warrior within
To conquer great territories no matter what life brings
It's what determines if you're a victim or a victor,
you get by or have plenty more, pressed down,
shaken together, and running over

For with the measure that you give
it will be given back to you
And it's precisely the beastly things
that will bring the blessings to you

See, your measure
is not just about your money and your tides
It's about your attitude while you ride the waves of life
It's easy to admire the beauty and of the beast to never tell
Not realizing like a coin, we're all both heads and tails
We all have a great story that's so powerful and unique
One that YOU can be proud of
because it's YOUR story to speak
It's not your beauty that drives you to greatness,
it's your beast
Cause it's your beast
that makes you stand on your own two feet

So next time you look in the mirror
be proud of who you see
And don't forget to remind them
"hey, you right there, you're a beast!"

BEAUTY FOR ASHES

Aside from sharing someone who brings joy to our lives
We have lot things in common you and I
You see I can relate to your anguish and your pain
To look in the mirror and not love who you see
I know what that feels like
because it's also happened to me

To question and wonder why you're even here
Living with the uncertainty if you'll see another year
To be angry inside, even at God at times
For choosing those specific blood and genes
Out of so many out there for your life to breathe
I wonder how it would feel like
if I would've had a different life
One where I was wanted and not considered a mistake
Nor chastised for my looks or for words that I'd say

Hanging by a thread trying to find purpose and/or peace
Looking at your damage knowing you've been cut so deep
Like a broken puzzle piece having no matching sides
Constantly fighting the thoughts that invade your mind

But I'm here to reveal the beauty you have inside
You were bitten, but not broken!
So don't you forget the words that I've spoken
You see life is not happening to you,
it's happening for you
It's precisely the pain that hurt you,
that built you, equipped you
To step into the running shoes of the present
So you can race down the road called the future
Shining bright, like a beam of light
Many blown out flames you will fire and ignite

Cause no one has a story to tell without putting up a fight
You are special, you will imprint
with your talents and your gifts
You are loved; you are needed, and have so much to give
For life of great purpose, you have yet to live!

LIFE DEFINED

What is life?
But a vapor in the wind
Here today and gone tomorrow

It's the greatest gift that's ever given
Yet not long enough for us to live it
We must enjoy it every second
So that we don't later regret it

We possess so much beauty inside and out
All we need to do is look around
The oceans and birds in the sky
Even the flowers testify!
About the glory of our creator
There is no love that is ever greater!

And though at times life can be rough
With all its obstacles we must overcome
The burdens that our minds must bear
While our hearts suffer pain and despair
We can't forget that we have purpose

Far greater than we had expected
Cause life is all about perspective
And adversities shape and mold who we become
They built our character and make us strong

So let us be fully captivated
Let us be focused and motivated
To share the gift we have inside
Let it override our hearts and minds
With love, the emotion that keeps us alive

The true definition of life!
Out of faith, hope and love
The greatest of all is Love!

EXPECTANCY

It's a beautiful thing not knowing what life will bring
To experience the suspense thriller
of its turns and of its twists
Every story has a beginning and an end
You may think you know the outcome,
but you better think again

The universe has a funny way of disrupting all our plans
We may not always agree but we'll later understand
It's all part of the lesson and the training we receive
To mold and shape us into the person
we were created to be

We're a process in the making in this journey we call life
Like gold we're put through the fire
to become shiny and refined
Then and only then our purpose we will see
And we'll realize just how happy we can be
We'll enjoy and cherish every moment in between

The historic chapters of our past
and the unknown promise of tomorrow
Trusting He has plans of good and not evil
To give us hope and a future
Full of joy and without sorrow
Slow down, look around, take the time to soak it all in

You will realize life is a magnificent thing
Full of color, full of love,
and so much beauty that starts within
Like the colors of a rainbow, He created us to be
Uniquely having and I, a you, a he, and a she!

EYES OF THE SOUL

It's taken me a while, but finally today's the day
So many things to say but the words got in the way
My heart is so heavy laden by your anguish and your pain
See I sense and perceive your spirit
more than what I can explain
I see what you see, I'm not oblivious at all
I can feel you wounded heart and can see your broken soul
Caused by all the disappointments
that life has brought your way

I truly wish that I could take away the pain
I wish I could say that the world will be a better place
But I would be deceiving us both, that is the case
We're living in a millennium
where "the secret" has been exposed
Yet society is in tune with everything but their souls
Numbing their emotions attracting drugs,
sex, and rock 'n' roll
Community and religion with the devil have bargained,
which is why they now wear depression,
violence, and suicide for garments
It starts with love and vows that have been forever told
Then broken promises lead to single parent households

Problem is people have all kinds of fears
except the fear of the Lord
He asks us to walk by faith not by sight
So that we can discover the power of His might

God will use our journey to train us to hear
He can perform the impossible if we let go of our fears
He asks us to step out into the unknown
If we have all the facts, then how will we grow?

To know He has ordered our steps determined
our path from beginning to end
To learn He was able to do
even before anyone witnessed He could

That's the beginning of wisdom & medicine for our soul
Which will also prevent our hearts from growing cold

P.S. I love you! Stay strong and keep your heart warm with
the love of the Lord

WHO AM I?

Who Am I?!
My soul cries trying to identify

Who Am I?!
My soul screams
At my mind playing tricks on me

My spirit yells be quiet mind!
This conversation's between my soul and I!

Fear not soul! I'll wash you with His word when you cry
Like a scalpel His words will cut you
in order to save your life

Since I am you and you are I
I'll answer your question
"Who Am I?"

I'm the truth in between the lies
I am sunset and sunrise!
I have purpose underneath the sky
At the melody of my Voice, chairs turn wondering
"Who Am I?"

I am the Voice of the helpless and the hopeless
I was put thru the fire and now I'm like gold refined
So that I can drop you some knowledge and some light
Who Am I?!

I am chosen to declare praises
Called out of darkness and
Into His wonderful light
To lead you from Rumination
To Revelation, A Rebirth Nation

Like 212 I am the extra degree
that has been sent to power your life
So that you can ask YOURSELF the question:
"Who Am I and what is my purpose underneath the sky?!"

BLURB

In my life I've gone through abandonment, abuse, guilt, shame, homelessness, disappointments, betrayals, rejection, sickness, infirmity, lack, etc. Experiencing these circumstances in life can create a level of anxiety, depression, and anger within.

But there comes the moment where you have to ask yourself... Will I crumble to the ground just like crumbs of what's left of my life? Or will I get up, pick up my crumbs, and make recipes with them? As the saying goes: "when life gives you lemons make lemonade".

Throughout both the adversities that have transpired and the ones that I'm still going through, I've discovered that there is a fine line between the three choices one can make. I've learned you can allow life's inevitable adversities turn you into a sour & miserable person, you can give up (while it's been extremely tempting at times- not an option), or you can grow and use your pain as fuel.

I've decided to go with number three. Why? Because though it's easier said than done (aint gonna lie), I'm not going down without a fight. I've decided instead of wasting my pain by becoming a victim of it, to become a victor and use my pain as a tool to inspire others. May you be empowered and inspired by the words of my testimony! One love!

ABOUT THE AUTHOR

Bella Vida was born and raised in NYC. She has always been a creative soul with a passion for writing. There is a metonymic adage that says, "The pen is mightier than the sword."

With her small but mighty tool, she will imprint your life b sharing some of the most intricate, vulnerable, an enlightening moments of her life.

Alusiones del Alma

BELLA VIDA

Índice

PREFACIO

"¿Quién soy?" no es sólo el título de uno de los poemas de este libro, sino también la pregunta que ayuda a definir el papel de una persona en su trayectoria vital.

Este libro es una selección de poesía introspectiva que transmite las experiencias vividas de Bella Vida.
Su recopilación habla con gran empatía a todos los que luchan por encajar en la sociedad.

Los acontecimientos que encontramos en la vida son los capítulos que producen nuestra historia.

Nunca debemos perder de vista "quiénes somos", ya que cada experiencia vivida nos hace evolucionar hacia nuestro propósito.

DEDICATORIA

"He aprendido que la gente olvidará lo que dijiste, olvidará lo que hiciste, pero nunca olvidará cómo los hiciste sentir."

Maya Angelou

"Sí, en ese tiempo me ocuparé de todos los que os oprimen. salvaré a los cojos y juntaré a los descarriados; Haré que los avergonzados de toda la tierra reciban alabanza y fama."

Sofonías 3:19

Este libro está dedicado a todos aquellos que sienten y/o creen que no tienen lugar en la sociedad. Es un reconocimiento de cómo te sientes, un recordatorio que sí importas, que eres amado, que tienes mucho que ofrecer. ¡Tu presencia ocupa un lugar muy especial en este mundo y fuiste creado para un momento como este! ¡LO SÉ porque YO SOY TÚ! Me inspiraste y me ayudaste a encontrar mi voz. Ahora déjame devolverte el favor y ayudarte a encontrar la tuya. ¡Que las palabras de mis testimonios te fortalezcan!

AGRADECIMIENTOS

En primer lugar, a mi Padre Celestial, gracias por la inspiración, la capacidad y la oportunidad de tocar vidas a través de la creación de este proyecto.

A mi padre Ramón y a mi madre Teresa gracias, por ser los moldes que Dios usó para traerme a este mundo.

A mi Amado hijo Rafael, gracias por creer siempre en mí y no darte por vencido.

A los muchos hijos e hijas que el Universo me ha regalado (todos saben quiénes son), así como a las bellas almas que me apoyan como poeta y me alientan, ¡gracias!

ALIMENTANDO LAS

ALIMENTANDO LAS

LLAMAS

RECUERDOS DEL MAÑANA

La idea del amor era una fantasía
Que sólo leía en los libros, y que no pasaba en la vida
Entonces, me di cuenta
que los cuentos de hadas se hacen realidad
Que tú encontraste en mí y yo en ti,
lo que buscábamos en los demás
Como el sol ilumina el día
Y se cruzaron nuestros caminos inciertos
La calidez de tu sonrisa iluminó mi vida
Esa fría y solitaria noche de invierno
Todo era nuevo, mágico, posible, y emocionante
Mientras tengamos amor,
no hay nada que no podamos hacer

El amor es paciente, el amor es amable
No es egoísta ni orgulloso
Sus esperanzas son inamovibles bajo todo
Por eso el verdadero amor lo soporta todo

¿Cuántos de nosotros podemos realmente decir
Que entendemos las palabras que decimos
Usamos palabras sueltas que no queremos decir
Dios mostró el verdadero amor por ti y por mí
Compartimos nuestras risas y nuestro dolor
Siempre fuimos honestos los dos
Compartimos nuestras esperanzas y nuestros sueños
Pero, ¿fue incondicional?
Un futuro brillante que podemos obtener
La promesa de las cosas por ganar
¿Son sólo parte del ayer?
¿Votos que se desvanecerán lentamente?
No podemos estar simplemente enamorados del amor
Pues eso nunca será suficiente
Por eso aprendí a amarme a mí misma
Para que tú pudieras amarme también
Recemos para que su amor pueda ser recibido
Y curar nuestros corazones resentidos
Que Él restaure la confianza
A través de este milagro llamado amor
Y que los recuerdos de nuestros corazones surcados
¡Sean los "RECUERDOS DE NUESTRO MAÑANA"!

ESPEJISMO

Es una dura y cruel realidad
Sentada aquí conmigo misma
Sintiéndome tan enojada, tan molesta
Decepcionada conmigo misma
Mi cabeza llena de arrepentimientos

Supongo que es mi culpa
Permitirme creer
Las promesas rotas que me susurraste

"Recé por ti, eres la única para mí
Quiero contigo estar para siempre
Supongo que estabas enamorado de la idea,
¡mas no de mí!"
De lo contrario no te habrías ido jamás
Supongo que eres como todos los demás
Que dicen que quieren encontrar una buena mujer

Pero todo es mentira, una gran mentira
que ni ellos mismos pueden creer
Sólo eres un masoquista en el fondo
Que "busca" una dama, pero realmente quiere un truco
Sólo disfrutas de la estimulación
Y a la chica buena le das humillación

Como un espejismo, la ilusión es toda una fantasía
Supongo que esa es la diferencia entre tú y yo
Trato de mantener los pies en la tierra
mientras llevo mi corazón con transparencia

A veces me pregunto qué pasa por tu cabeza
porque hablas y no piensas
Crees que ves la verdad,
pero en cambio tienes una falsa percepción
Porque la mitad de las cosas que dices sólo hablan engaño

LA IGNORANCIA ES FELICIDAD

Supongo que no vi el corazón de tu alma
Te sentías tan cálido por fuera, pero tu alma está congelada

Me diste una serenata con lo que necesitaba escuchar
Prometiendo que nunca me dejarías,
que siempre me ibas a amar

Como una sombra fue tu amor en una calurosa mañana
Una cálida brisa que refrescó mi cara
Pero lo que no sabía es que tu amor a mi alma quemaría

¡Odio que te amé!
¡Desearía nunca haberte conocido!
Pero me alegro de haberlo hecho
Porque eso demuestra que la ignorancia no es buen testigo

TRAICIÓN

Durante mucho tiempo me miraste a la cara
y me hiciste creer
Que el problema era yo y te hacia aborrecer
Mientras tanto decidiste otras caras buscar
Y chicas latinoamericanas en tu carro montar

Las caras que te hacían compañía
cuando a escondidas conducías
Para ir a Dios sabe dónde y regresar al otro día
¿Pensaste que no lo sabía?
¿Que no lo descubriría?
¿Te preguntaste alguna vez
por qué di la vuelta y me marché?
¿En lugar de mudarme contigo, mejor sola me quedé?

No pude soportar mirar tus ojos engañosos
Preferí mirar en el espejo mis sollozos
Llorando de rabia y llorando de dolor
Nunca pensé que me faltarías el respeto
menospreciando mi amor

Fingiendo estar conmigo mientras a otras perseguías
Para que sus palabras y sus cuerpos te hicieran compañía
La verdad del asunto es que fui ingenua por confiar en ti
Pensé que eras mi amigo, mas ahora sé,
que sólo otra víctima tuya fui

ENFRENTAMIENTO

Hace milenios solía ser
Que los hombres mentían cuando engañaban
Luego cambiaron su juego
donde usaron la "táctica de la verdad"
Hablando de "pude haber negado que tengo una relación,
pero al menos lo sostengo al 100%"

Ahora, la nueva tendencia es
que mencionan a "Dios" en su recital
¿Como si eso los convirtiera en una especie de ídolo ideal?

Estos hombres profesan
ser "hombres de Dios, y ser centrados"
Incluso estarían en una relación durante años sin amor
Y siguen volviendo por más
como una cucaracha adicta al cebo

Mientras tanto, todo el tiempo
hablan con otras por el lado
¿Y esperan que una mujer actúe igual?
¿Y pacíficamente negociar?

Entonces, cuando una reina rompe con un rey,
él dirá que quería construir con ella
y que no todo era sexo

Sin embargo, sus últimas palabras para ella fueron:
"Ya que comprometo tu camino con Dios,
es mejor que nos dejemos"

Si fueran tan "hombres de Dios" y rezaran sin cesar
No habría espacio para que hicieran ni un movimiento
haciendo que una reina siga su ejemplo,
y deshonrar a Dios en primer lugar!

Ellos atacan a los que directamente le dicen a una mujer
que todo lo que quieren es algo de sexo
¡Pero ellos son igual con la música por dentro!
Sólo tratan de hacerlo a escondidas
Detrás de la oración y los versos de la Biblia

Luego, cuando una mujer frena y les cierra el paso
Quieren darse la vuelta y atacarla por el lado
Cuando ellos ya se las traían de entre manos

Profesan tener el carácter de Dios y parecerse a Él
Actuando como si ella fuese la zorra y llamándola Jezabel
¡Papi, por favor no le faltes el respeto a mi Padre Celestial,
porque en nada eres como Él!

Pero es mejor que creas que vendrá aquella
Que no podrán escapar y que cara a cara enfrentarán
Su nombre es la verdad y los hará su perro
Y como les gusta la fachada áspera
ella seguramente la desnudará

Y como les gusta estar con más de una mujer a la vez
Ella les presentará a su amiga Karma,
que se asegurará de que un buen tiempo puedan tener
¿Tienes el descaro de juzgar a una reina por la condición de
tu corazón y tu iniquidad? ¡Papi, basta ya!

NUNCA DEJADA ATRÁS

Niña, no tengas miedo, estoy aquí contigo. ¡Tú puedes!
Niña, no llores, yo te daré alas para que vueles
Niña, no te preocupes, me tienes a mí y soy la mejor
Niña, no te preocupes, eres mucho más fuerte que el dolor
Niña, déjalo, no lo necesitas, mereces algo mejor
Niña, no estás sola, me tienes a mí,
y a tu Padre Celestial de amor
Conoce tu valor, pequeña, y entonces te darás cuenta
Que eres feliz, que eres completa,
y que no eres tan pequeña
Que yo soy tú y tú eres yo y nunca te he dejado atrás

DOLOR Y DECEPCIÓN

RESISTENCIA

¿Por qué estoy aquí?
Me siento sola y me pierdo en el miedo
Rezando por la redención
tratando de llenar el vacío adentro
¿Haré mi camino al cielo o a las puertas del infierno?

Es un mundo cruel y la gente puede ser tan fría
No puedo decir si me convertiré en una amargada
o un alma llena de vida

Su palabra dice que el amor cubre multitudes de pecados
Sin embargo, la mayoría de las veces
contemplo no sentir nada y estar helada

Así el dolor no puede volver a herirme
Causado por aquellos que dicen amarme
para luego herirme

Ayúdame, Padre; rescátame, del enemigo interior
El que duda que voy a salir adelante y que imagina lo peor

Bendice Señor, o alma mía, no olvides sus beneficios
Porque mi padre y mi madre me abandonaron
Y el Señor Jehová me acogió

Aguanta un poco más de tiempo, alma mía, no te rindas
Muchas son las aflicciones del justo,
pero el Señor de todas ellas nos libra

LA VIDA INTRÍNSECA

¿Por qué la vida es tan complicada?
Me hace estar enojada y devastada

Perder la fe en la gente y perder la esperanza en la fe
Las cosas malas le pasan a la gente buena
Esto nunca lo he entendido

Tanta lucha y poca ganancia
¿Cómo podemos mitigar el dolor?
Me miro en el espejo y me pregunto: "¿Quién es esta?"

¿Qué pasó con la chica que solía sentirse bien por dentro?
La que veo se duele de cada hueso, músculo y ligamento
Sin embargo, cada día se esfuerza

Intenta ponerse al día, pero se queda cada vez más atrás
Quiere creer en la equidad,
pero no hay justicia que pueda encontrar

Cada vez es más difícil leer entre líneas
Cuando las mentiras se mezclan con la verdad,
son fáciles de disfrazar

FARSA

Vemos las caras, pero no las intenciones del corazón
Ese músculo que produce tanto la vida como el dolor
Muchos son astutos y penetran en él su camino
Y así tan rápido pueden arrancar el mismo

Robando su belleza, sensibilidad y amor
Como en la Tierra de Oz,
Sólo el hombre de hojalata quedó

Pero mira, aquí está la cosa
Que tenemos que recordar
La gente es lo que es
y no las podemos cambiar
Así que, cuando te digan quiénes son,
créeles la primera vez

No caigas en el engaño
de su amabilidad mezclada con mentiras
Porque la miseria ama la compañía,
pero yo no voy a darles la mía

En este mundo nunca faltarán los que odian y los falsos
O de los que simplemente quieren quitarte el brillo

¡La gente sincera debería impresionarte
porque esas son las personas difíciles de encontrar!
Y esta es mi nota de agradecimiento para ellos,
por ayudarme a permanecer
con los pies en la tierra.

DE SOMBRA A SOMBRA

Es asombroso cómo pasamos de sombra a sombra
De un lugar fresco y seguro a un mañana embrujado
De un lugar de refugio a un lugar de penumbra
De la lluvia en el desierto a un desierto sin lluvia

El que está en el espejo es el que lo mira todo
Es la persona que no juzga y lo escucha todo
La ira, el dolor, y el vacío que refleja allí
¿Cómo pudo esto sacar lo mejor de mí?
Tu amor es todo lo que necesito
Por eso moriste por mí
Tú diste tu vida para que yo pudiera vivir
Estoy tan entumecida, quiero tu perdón recibir

Libérame ¡Para que pueda vivir!
¡Libérame! ¡Ayúdame a escapar
de lo que hay dentro de mí!
¡Libérame! ¡Ven a rescatarme!
¡No quiero vivir en esta agonía! ¡Ven a liberarme!

Es increíble cómo pasamos de sombra a sombra
Cuando miramos lo que parece un mañana solitaria
Pero si nos tomamos un momento
para verdaderamente escuchar
Nos damos cuenta de que tu presencia nunca nos faltará

Dentro de este cuerpo, no entienden el dolor que siento
Llega al interior de mi alma como un peso
Ayúdame a ser esa mujer que tú has hecho

Libérame ¡Para que pueda vivir!
¡Libérame! ¡Ayúdame a escapar de
lo que hay dentro de mí!
¡Libérame! ¡Ven a rescatarme!
¡No quiero vivir en esta agonía! ¡Ven a liberarme!

¿Podré ver lo que tú ves en mí?
¡Libérame! ¡Quita la venda que me han puesto!
¡Libérame! ¡Ayúdame a creer que tu amor
es la clave para todo esto!

ARDER HASTA LOS CIMIENTOS

ATASCADA EN NEUTRO

¿Por qué me siento tan vacía y sin sentimientos?
¿Acaso tu amor no puede llenar
esta alma que llevo dentro?
¿No tengo fe?
¿Por qué esta sensación de rechazo y abandono
es más fuerte que yo?
¿Por qué no puedo encontrar paz y/o propósito?
No puedo escapar del miedo y la ansiedad
¡Me siento como si estuviera
ATASCADA EN NEUTRO.

El dolor es lo único que me recuerda que estoy viva.
Tengo ganas de con todo acabar,
pero pienso en los que se quedarán atrás
¡ESTOY ATASCADA EN NEUTRO!

Tal vez no fue un error que mi madre dijera,
que debió haberme abortado,
En lugar de haberme parido
Me siento como si estuviera muerta de todos modos
¡ESTOY ATASCADA EN NEUTRO!

¡La ironía de la vida!
Estoy realmente agradecida por mis bendiciones,
pero no puedo ver el color de la vida.
¿Dónde encajo en su hermoso diseño
con todos estos sueños que llevo dentro?

¿Dices que soy una pieza del rompecabezas
que parece no tener lados que coincidan?
La liberación y la libertad, la paz y la alegría
que todavía tengo que encontrar,
en esta cosa "mi llamada vida"

Donde sonrío y ofrezco esperanza a todos,
menos a mí al final del día.
Parece que estoy en un lugar demasiado profundo
y difícil de alcanzar
Un lugar que me gusta llamar NEUTRO

ATRAPADA EN UN CUERPO HERMOSO

Ella está bendecida con la belleza, no hay duda
Su piel de color pastel, con pelo de ébano
y su esbelta figura
Una sonrisa que ilumina toda la habitación
como un soplo de aire fresco
Ojos redondos de bronce que atraviesan tu alma

La envidia de las mujeres y la admiración de los hombres
¿Qué dirían si supieran que, en lugar de ser libre,
es una esclava?

Todas las puertas de salida están cerradas
ya sea que ella mire hacia afuera o hacia adentro
Está atrapada en un hermoso cuerpo

Como una figura grabada en piedra,
es esclava de su mente,
Y en su alma prisionera
La cual no puede liberarse de las emociones que retiene

Un sentimiento de abandono en su corazón muy arraigado
El dolor diario en su cuerpo que se siente desgarrado

Deseando poder escapar y a su alma liberar
Sin tener miedo a sentirse cómoda en su piel para volar

Libre para ser bella!

SOLA PERO ACOMPAÑADA

No puedo creer el dolor que siento,
la sensación de abandono es tan real
Tanto dolor de corazón en el fondo,
la tristeza abruma mi mente
Ahora me está jugando una mala pasada,
atrapada entre la imaginación y la realidad

Nunca pensé que esto podría ser,
y que podría pasarme a mí
Sentirme tan perdida y sola,
en una habitación llena de gente
Es como si fuera invisible, quisiera ser invencible
Para superar la soledad que se siente,
en una habitación llena de compañía

Tanto sufrimiento y dolor,
errores que he cometido en el camino
Situaciones que no puedo cambiar, no sé qué más decir
Tantas emociones dentro, quiero reír y quiero llorar

Perdiendo la esperanza en el camino,
¿no puedo simplemente dormir todo?
¿Y despertar en un mundo mejor?
¿Uno de cuentos de hadas?
Donde los sueños se hacen realidad
y todos somos felices con nuestros papeles
¿Uno en el que aún mi corazón debe consolarse?

¿Qué tengo que hacer? ¿Qué tengo que decir?
Porque lo correcto está mal, y lo incorrecto está bien
Y de cualquier manera pierdo mi tiempo

Estoy colgando de un hilo, sin decir nada
No sé cuánto tiempo más duraré
Dijiste que me mantendrías hasta el final
y que de ti podía depender
Ven, entra, Señor toma el control,
eres mi héroe, salva mi alma
Ven a librarme, salva mi alma
Que se muere, en una habitación, llena de compañía

AVISO A LA SOCIEDAD

Lo más probable es que no tengas tiempo para mí,
o para leer esto, ya que estás demasiado ocupado
viendo likes de Instagram, y feed de Twitter,
y tus posts de FB
Ah, y cuando digo yo,
no me refiero sólo a mi persona

Soy la cara de tu familiar, amigo,
compañero de trabajo, y vecino que
una y otra vez trató de llegar a ti,
leyendo esto ahora mismo.

Represento a todos los que sufren en silencio,
mientras siempre se vuelcan en los demás
¡Nosotros! Los que suministran oxígeno
día a día a todos los demás,
y mientras te mantenemos respirando,
nadie se da cuenta que nosotros mismos
estamos con soporte vital
Aquellos que, por un momento, están abajo,
y no se pueden levantar
Pero todo el mundo nos pasa por encima
como si fuéramos topes

Ni siquiera se dan cuenta que tenemos latidos
y no somos objetos inamovibles
¡Maldito hipócrita!
Es increíble como todo el mundo está tan "despierto" y
a la vez tan comatoso con los Oscares.

¡Mira! La realidad es que la gente
no sólo está muriendo en Ucrania,
sino también a tu alrededor
A diferencia de la guerra,
Tú tienes la oportunidad de ser un héroe
aquí donde estás y salvar una vida
Sin embargo, eres es un cobarde, ocupado, indiferente

No voy a decir que espero que me eches de menos cuando
me haya ido, porque de verdad, si no me extrañas ahora,
definitivamente no me extrañarás después

Lo que sí espero es que mi voz y mi imagen te persigan
en los recuerdos de un vídeo, en un mensaje de voz,
o en la letra de una canción
¡Que mi cara te persiga en una foto
o a través de otra persona que se parezca a mí!

¡Mereces sentir remordimiento! ¡Mereces sentirte vil!

¡No te atrevas a llorar por mí!
Fingir que te importa una mierda por culpabilidad
o la apariencia!
¡Quédate con tus flores!
¡Quédate con tus lágrimas!
¡Ya no las necesitaré!

¡Ni siquiera te molestes en venir a mi funeral,
si es que tengo uno!
Y si todavía tienes la audacia de aparecer,
entonces al menos manténlo al cien

Sólo pasa por mi ataúd y muéstrame el dedo medio,
porque al menos
Coincidirá con el tratamiento que me has dado hasta ahora
con tu indiferencia

Cuando sentía que me ahogaba,
pudiste haberme lanzado un chaleco salvavidas,
pero estabas demasiado ocupado

Cuando odiaba la vida y me sentía sin propósito,
pudiste haberme dado una palabra de aliento,
pero estabas demasiado ensimismado

¡Tal vez ahora de verdad te has despertado!
¡Tal vez ahora verás las banderas rojas y las señales!
¡Quizás ahora pondrás más atención la próxima vez
y no te harás de la vista larga!

Ves, fácilmente podrías haber sido parte de la solución,
brindándome sólo unos minutos de tu tiempo
Sin embargo, simplemente elegiste ser otra razón,
por la que la vida para mí, lucia mejor en un eterno sueño

NO TE RINDAS

Me duele, todos los días
En demasiadas partes del cuerpo
Pero aún mayor es el dolor en el corazón
Pero sigo diciéndome a mí misma:
"¡No te atrevas a llorar, sé fuerte toma aliento!"
"¡No dejes que sepan el dolor que llevas dentro
detrás de esa cara bonita hay una sonrisa rota!"

Inspirando, motivando y arrojando luz
A todos los que luchan por seguir cargando su cruz

La pregunta es ¿me alcanzaré a mí misma?
Rescátame, del infierno viviente, que atormenta mi vida

Cada día siento que pierdo el control
Mientras me entierro más cada día por dentro
Cada momento escabullo un poco más de consuelo

En el rechazo, la palabra despectiva,
el juicio, la crítica, y aún mayor es la indiferencia

El silencio que puede significar muchas cosas,
grita "¡No me importa!"
Me pregunto "¿Por qué estoy aquí?"

Entonces trato de convencerme
"¡No tengas miedo! ¡Pronto lo descubrirás!
¡Tienes mucho que dar!
¡Las cosas se resolverán!
¡Hay un plan más allá!"

GRATITUD

MAMÁ MÁS QUERIDA

La Biblia dice: Una mujer virtuosa, ¿quién la encontrará?
Admirable es ella entre las demás dedicada, decidida,
Con coraje cada día alimenta, viste y cuida a su familia
Con responsabilidad cuidaste de mí, mamá
Ya sea que estuviera enferma o asustada por una pesadilla
Dando todo a cambio de nada
Con gran honor te corono "La mejor madre del mundo"
Puedo decir con orgullo que eres Mi Madre

PEQUEÑO PAJARITO

Es la ley de la naturaleza, sucede todos los días
Vemos a los pájaros dejar el nido,
desplegar sus alas y volar
para que su camino puedan encontrar
Ciertamente deja un espacio único y vacío

Pero ten cuidado, pajarito,
no estés tan desesperado por volar.
Es un mundo frío ahí fuera;
puede ser cruel y lleno de maldad
Clama siempre al Padre para que en todos tus caminos
Él te pueda guardar
Pues Él nunca te dejará ni te abandonará

Rezaré por ti, pajarito
Te enviaré mucho amor, pajarito
Rezaré para que estés seguro,
abrigado, bendecido y protegido todos los días
Y que de su santa presencia nunca, nunca, nunca te desvíes

IMPRESCINDIBLE

Cuando enumeren mis mayores logros
de todos los tiempos
Mi mayor legado será único y verdadero
Verán que no es un objeto material que se deja atrás
Que pueda ser validado o adquirido

Es la posesión más preciada
que cualquier humano puede alcanzar
¡O, qué afortunada soy de haber sido
bendecida entre las demás!

No digo esto simplemente porque lleves mi ADN,
pero porque eres un alma
Resistente, Asombroso, Favorecido,
Amigable, Ecléctico y Lindo
Tu música impacta una vida a la vez
La gracia y el favor de Dios a través de ti ciertamente ven

Que estás llamado a guiar, a caminar
no por vista sino por fe
Para hacer hazañas con la fuerza de su poder
Tu presencia impacta a este mundo en su totalidad
Tu historia será una de las más grandes que se contará

Estás destinado a la grandeza, de eso estoy segura
Por eso antes que cierren el telón quedaré orgullosa
Con mi mayor posesión, el trofeo de ser "Madre"
Por haber engendrado a una leyenda tan grande.

PARIENTE LEAL

Izzy que le gusta conducir ese carrito
para mantenerse ocupadito
Izzy y Ralph siempre hablando
sin dejar que el teléfono suene
hablando de Yu-Gi-Oh y de la hora de la lucha libre

Su abuela en el fondo gritando "cuelga el teléfono"
en su tono jamaiquino
Buenos tiempos que nunca pasarán
porque siempre se siente lo mismo

Cantando al son de la radio en la furgoneta
Mientras nos dirigimos a la tierra de Toys R Us
la cual era perfecta

Amigos y familia en reuniones de cumpleaños
Su abuela le preguntaba a Ralph
si quería caminar con bizcocho en mano

Tantos recuerdos que atesoramos
Con Izzy que aunque no es de sangre valoramos
Porque es más que una pariente y la amamos

Una de las personas más amables,
respetuosas y dadivosas en la vida
Pero también puede darte una buena paliza

Mi hijo de otra madre que siempre se preocupa,
 a quien quiero y nunca abandonaré,
Porque una vida de más recuerdos aún tenemos por hacer

IMPERFECTAMENTE PERFECTA

Estoy tan agradecida de que hayas llegado a mi vida
Llegaste a mi camino como una hoja radiante y multicolor
Soplada por el viento, en un hermoso día de otoño,
y mi vida nunca ha sido la misma

Llenaste un espacio vacío en mi corazón y en mi alma; que
ni siquiera sabía que estaba ahí
Verás, nunca imaginé la alegría que supone tener una hija
¡Ahora lo sé y lo tengo gracias a ti!

Mi mundo es un lugar mejor porque tú estás en él,
mi preciosa y no tan pequeña niña
La belleza es que te quiero,
más que si te hubiera parido yo misma

Aunque hubiera sido un gran privilegio, puedo amarte,
no porque eres mi carne y mi sangre sino porque
Sólo porque eres hermosa, por dentro y por fuera
Sólo porque eres cariñosa, amable, generosa, inteligente,
talentosa, dotada, y única.

Tienes tal capacidad de amar
y tocar las almas de multitudes, con tu luz brillante
Sólo porque eres fuerte como el hierro,
pero frágil como el cristal
Eres intrépida como un león,
pero lo suficientemente vulnerable
para mostrar tus emociones

Resistente como un árbol arraigado,
pero frágil como para caer y volver a levantarse
Enraizada como un ancla,
pero infundada como para ser arrastrada por el amor

Eres mi pequeña calabaza, lo que me gusta llamar

¡Imperfectamente perfecta!

QUERIDO JUAN

Quiero empezar diciendo que te quiero mucho
mi hermoso sobrino enviado desde arriba
Eres una inspiración a tan corta edad
Ni siquiera puedo encontrar las palabras
adecuadas para contar
Cuando la pérdida y el dolor te destrozaron,
Tu resistencia te levantó
No te equivocaste cuando dijiste
que la gente no conoce el detrás de escena
el precio y los honorarios detrás de la cortina
Las lágrimas, el sudor, la soledad y el dolor

Estas son las cosas que cuesta ganar el éxito
Estoy muy orgullosa de ti y quería que lo supieras
Y por eso decidí escribirte esta nota
Por favor, nunca olvides que no estás solo
Estoy realmente aquí
si necesitas una mano para sostenerte

Para regurgitar grandes momentos
por el carril de la memoria
Como los grandes días de los vaqueros
en el instituto Osceola cuando gritaba
tu nombre con orgullo
sosteniendo mi número 21

O las veces que montábamos
La Momia diez veces seguidas
Para luego ir a cenar y al cine sin descanso
Estos tiempos fueron sin duda algunos de los mejores

Ya sea bailando al ritmo de *Single Ladies* de Beyoncé
A perder el fútbol y romperte el culo en el suelo
Seguro que siempre encontrabas la manera de destacar
Desde tu primera visita a Burger King
hasta el rey que eres hoy
Siempre te apreciaré de la misma manera
Así que salud por el futuro
y por los recuerdos que nunca se desvanecerán

DEFINICIÓN DE AMIGO

Un amigo es aquel que está en las buenas y en las malas
A quien no le importa dónde acaba o empieza tu pasado
Que nunca te juzga,
incluso cuando no estás en tu mejor momento
Que llora contigo, ríe contigo
y siempre te cubre las espaldas todo el tiempo
Que literalmente muerde la bala que apunta a tu pecho
Para no sentir el dolor
de tener que ponerte en el cementerio

Alguien que esté dispuesto a escuchar
y también a compartir
Alguien que pierda el sueño mientras vives tus pesadillas
Que te ayuda a llevar las cargas que son demasiado pesadas
E incluso durante tus discusiones,
tus secretos nunca los va a contar

No importa cuán cerca o lejos, si te quedaste o te fuiste
Siempre se alegra de verte y que volviste
Que te defiende, que te da su camisa
Sólo para que te sientas seguro y no te preocupes de nada
que todo lo brinda a cambio de nada

Hay tantas cosas que podemos añadir,
tantas preguntas que podemos preguntar
Así que contéstame:
¿eres la definición de un amigo de verdad?

RESURGIR DE LAS CENIZAS

GRIS

La ansiedad y la incertidumbre
quieren quitarme lo mejor de mí
Que yo mire hacia atrás pensando en lo que sufrí

No tiene sentido y me estoy autodestruyendo
Lo que encontré y atraje
por mi forma de pensar en ese momento

¡Deja que el pasado se vaya!
No tiene importancia en este día
La clave no es olvidar
La clave es aprender a verlo
a través del lente de Dios y su soberanía

Descubrir cómo Él puede convertir las cosas malas
en buenas en mi vida
Si confío en Él todos los días

Vivir la vida amando lo que hago
y morir haciendo lo que amo

Las cosas no son todas buenas o malas
No son todas blancas o negras

La zona gris es donde está lo bueno
Porque es donde está el descubrimiento

CÓMO TE AMO, CORAZÓN MÍO

Endurece, o, corazón mío
Tienes que ser fuerte
¿Cuántas veces va a ser necesario
repetir este mismo calendario?

Permitir que cualquiera entre en tu vida
¿Porque te diga palabras lindas?
Mira bien esas heridas
cada una, no son mentiras

Una y otra vez te han magullado
Cada uno de esos amantes te han maltratado
Pensaste que finalmente el verdadero amor
habías encontrado
Cada una de esas veces te decepcionaron

Tengo que decir que estuviste muy cerca, esta última vez,
de encontrar el verdadero amor
Ciertamente es un tipo especial,
el tipo que cautiva tu corazón
El tipo que te arrastra y a pesar del dolor quieres conservar
El tipo que es tan difícil de quitar,
como un fantasma que no te quiere soltar

Tantas risas, tantas primeras veces
Tantos buenos recuerdos que nunca se desvanecen
Ojalá pudiera borrar el dolor, de la ilusión que creo
Oculto el engaño, oculto las mentiras,
porque no supiste leer entre líneas

¡Despierta! ¡Fortalécete o corazón mío!
¡No puedes dejar de latir, por favor, mantente vivo!
Por favor, no te enfríes, insensibilízate

El verdadero amor es real y puro y brillante
precioso será tu caballero andante
Quien te comprará tu sortija de diamantes
¡Amarás de nuevo, o corazón mío!

LA BELLA Y LA BESTIA

El otro día escuché un mensaje que decía
que todos somos parte bella y parte bestia
La bestia es el lado de nosotros
que no queremos que los demás vean
Es por eso que dicen que los celos envenenan
Porque nadie lo tiene tan bien como aparentan
Tienes tanto que ofrecer, tienes tanto que dar
Y sin embargo,
te sientes menospreciado por la bestia interna

Porque mientras te centras en las grandes habilidades
de la otra persona
Son las cosas bestiales que construyen las propias
Es el fuego que encendió al guerrero que lleva dentro
Para conquistar grandes territorios
sin importar lo que traiga el viento
Es lo que determina si eres una víctima o un vencedor,
si te las arreglas o eres pudiente,
teniendo suficiente para bendecir a la gente

Porque cuanto des, se te devolverá
Y son precisamente las cosas bestiales
las que las bendiciones te traerán
Pues lo que das no sólo consiste de tu dinero y tus diezmos
Se trata de tu actitud mientras navegas las olas del tiempo
Es muy fácil admirar la bella y de la bestia nunca hablar
Sin tomar en cuenta, que como una moneda,
todos somos cara y cola

Todos tenemos una historia única que contar
Una que TÚ puedes estar orgulloso
porque es TU historia para contar
No es tu belleza la que te lleva a la grandeza, es tu bestia
Porque tu bestia es la que te hace valer por ti mismo
cuando los demás brillan por su ausencia

Así que la próxima vez que se miren en el espejo
estén orgullosos de quien ven
Y no olviden recordarle "que una bella persona, bestial es"

BELLEZA EN VEZ DE CENIZAS

Aparte de compartir a alguien
que trae alegría a nuestras vidas
Tenemos muchas cosas en común tú y yo
Ya ves que me identifico con tu angustia y tu dolor
Sé lo que es mirar en el espejo y no tenerme amor
Sé lo que se siente, porque a mí también me ha pasado

Sé lo que es cuestionar y preguntarse por qué estás aquí
Vivir con la incertidumbre de si serás feliz
Estar enfadado por dentro, hasta en momentos con Dios
Por elegir esa sangre y esos genes específicos
De entre tantos que hay
Me pregunto cómo me sentiría
si hubiera tenido una vida diferente
Una en la que me quisieran
y no me consideraran divergente
Ni castigada por mi aspecto o por las palabras que expreso

Colgando de un hilo, tratando de encontrar propósito y paz
Mirando tu daño sabiendo
que has sido cortado con profundidad
Como una pieza de rompecabezas
que no tiene lados que coincidan
Luchando constantemente contra los pensamientos
que invaden tu vida

Pero estoy aquí, para revelar la belleza que tienes dentro
Fuiste mordido, mas por la vida no vencido
Así que no olvides las palabras que he dicho
Ya ves que la vida no te pasa a ti, sino es para a ti
Es precisamente el dolor que te hirió,
el que te construyó y también te equipó
Para ponerte los zapatos de correr del presente
Para que puedas correr por el camino llamado futuro
Brillando con fuerza, como un rayo de luz
Muchas llamas apagadas encenderás tú
Porque nadie tiene una historia que contar sin dar la batalla
Eres especial, imprimirás tus talentos adonde vayas
Se te quiere, se te necesita y tienes mucho que dar
¡Para la vida de gran propósito que todavía has de navegar!

VIDA DEFINIDA

¿Qué es la vida?
Sino un vapor en el viento
Hoy está aquí y mañana se va
Es el mayor regalo
Sin embargo, no es suficientemente larga para que la vivamos
Debemos disfrutarla cada momento
Para no arrepentirnos después de que se nos fue el tiempo

Poseemos tanta belleza por fuera y por dentro
Todo lo que tenemos que hacer
es mirar a nuestro alrededor
Los océanos y los pájaros en el cielo
Incluso las flores dan testimonio
De la gloria de nuestro creador
¡No hay nada más grande que el amor de Dios!

Aunque a veces la vida puede ser dura
Con todos sus obstáculos que debemos superar
Las cargas que nuestras mentes deben soportar
Mientras nuestros corazones sufren dolor y desesperación
No podemos olvidar que tenemos un propósito
Mucho más grande que lo que esperamos

Porque la vida es una cuestión de perspectiva
Y las adversidades forman y moldean
en quiénes nos convertiremos
Construyen nuestro carácter y nos hacen fuertes

Así que dejémonos cautivar por completo
Centrémonos y motivémonos
Para compartir lo que tenemos dentro
Dejemos que anide en nuestros corazones el amor
La emoción que verdaderamente es don de Dios
La verdadera definición de la vida

De la fe, la esperanza y el amor ¡El
más grande de todos es el Amor!

EXPECTATIVA

Es una cosa hermosa no saber lo que la vida traerá
Experimentar el suspenso de sus giros y rodeos
Toda historia tiene un principio y un final
Creer conocer el resultado
Y ser muy diferente al que te puedas imaginar

El universo tiene una forma divertida
de desbaratar todos nuestros planes
Puede que no siempre estemos de acuerdo,
pero Dios es el que sabe

Todo es parte de la lección
y el entrenamiento que recibimos
Para moldear y dar forma a la persona
predestinada desde el principio
Somos un proceso en la fabricación de este recorrido
Como el oro, pasamos por el fuego para salir refinados

Entonces y sólo entonces nuestro propósito entenderemos
Y nos daremos cuenta de lo felices que seremos
Disfrutando y apreciando cada momento

Observando los capítulos históricos de nuestro pasado
y la promesa desconocida del momento
Confiando que Él tiene planes de bien y no de mal
Para darnos esperanza y un futuro completo

Despacio, mira a tu alrededor,
tómate el tiempo para absorberlo
Te darás cuenta de que la vida es algo magnífico
Llena de color, llena de amor, y de tanta belleza
que comienza en el interior
Como los colores de un arcoíris, Él nos creó
¡Únicamente teniendo, un tú, un él y un ella, y un yo!

OJOS DEL ALMA

Me ha llevado un tiempo,
pero finalmente hoy es el día
Hay tantas cosas que decir,
pero las palabras se interponían
Mi corazón está tan cargado por tu angustia y tu dolor

Pues tu espíritu veo, siento y puedo percibir yo
Veo lo que tú ves, no soy ajena en absoluto
Puedo sentir tu corazón herido y ver tu alma de luto
De las decepciones de la vida éste es el fruto

Me gustaría poder quitarte el dolor
Me gustaría poder decir que el mundo será mejor
Pero nos estaría engañando a los dos
Vivimos en un milenio donde "el secreto" ha sido expuesto

Pero la sociedad está en sintonía con todo
menos con su sexo
Adormeciendo sus emociones con drogas,
sexo, y el rock 'n' roll
Por lo que ahora se adornan con violencia,
suicidio, y depresión

La comunidad y la religión con el diablo han negociado
Promesas rotas de amor han dejado
madres y padres solteros y niños abandonados

El problema es que la gente
tiene todo tipo de temores
excepto el temor de Dios
Él nos pide que caminemos por fe
para que podamos
descubrir su poder

Dios usará nuestro viaje
para que otros pueden creer
Él puede hacer lo imposible
si dejamos a un lado el miedo
Nos pide que nos adentremos
Si tenemos todos los datos,
¿cómo verdaderamente confiaremos?
Saber que Él ha ordenado nuestros pasos
y ha determinado nuestro camino desde el principio
Aprender que Él fue capaz de hacerlo
Incluso antes de que nadie fuera testigo

Este es el comienzo de la sabiduría
y es medicina para nuestro cuerpo
Lo que también evitará
que nuestros corazones se enfríen por dentro

PS. ¡Te quiero! Manténte fuerte
y mantén tu corazón caliente con el amor de Dios

¿QUIÉN SOY?

¿Quién soy?
Mi alma llora tratando de identificar
¿Quién soy?

Mi alma grita
A mi mente que me juega malas pasadas
Mi espíritu grita ¡Cállate mente!
¡Esta conversación es entre mi alma y yo!

¡No temas alma! Te lavaré cuando llores con Su palabra
¡Como un bisturí, Su palabra te cortará para salvarte alma!
Ya que yo soy tú y tú eres yo
Responderé a tu pregunta
¿Quién soy?

Soy la verdad entre las mentiras
¡Soy la puesta de sol y el amanecer!
¡Y un propósito bajo el cielo realizaré!
Ante la melodía de mi voz,
las sillas se vuelven preguntando
¿Quién soy?

Soy la voz de los desamparados y los desesperados
Pasé por el fuego y ahora soy como el oro refinado
Para que pueda dejarte caer algo de conocimiento
y algo de luz ¿Quién soy?

He sido elegida para declarar alabanzas
Llamada a salir de las tinieblas
A su maravillosa luz
Para guiarte desde la Rumiación
A la Revelación, Una Renacida Nación

Como 212, soy el grado extra
que ha sido enviado para potenciar
Para que puedas hacerte la pregunta:
"¿Quién soy y cuál es mi propósito?"

DESCRIPCIÓN

En mi vida he pasado por el abandono, el abuso, la culpa, la vergüenza, la falta de hogar, las decepciones, las traiciones, el rechazo, la enfermedad, la carencia, etc. Experimentar estas circunstancias en la vida puede crear un nivel de ansiedad, depresión y rabia en tu interior.

Pero llega el momento en que tienes que preguntarte... ¿Me desmoronaré en el suelo como las migajas de lo que queda de mi vida? ¿O me levantaré, recogeré mis migajas y haré recetas con ellas? Como dice el refrán: "cuando la vida te da limones, haz limonada".

A lo largo de las adversidades que han pasado y de las que todavía estoy pasando, he descubierto que hay una fina línea entre las tres opciones que uno puede tomar.

He aprendido que puedes elegir pasar por las inevitables adversidades de la vida siendo amargado y miserable, puedes rendirte (aunque es extremadamente tentador a veces, no es una opción), o puedes crecer y usar tu dolor como combustible.

Yo he decidido optar por la tercera opción. ¿Por qué? Porque, aunque es más fácil decirlo que hacerlo, no voy a mentir, no voy a caer sin luchar. He decidido que en lugar de desperdiciar mi dolor convirtiéndome en una víctima de él, me convertiré en una vencedora y utilizaré mi dolor como una herramienta para inspirar a otros. ¡Que las palabras de mi testimonio te empoderen e inspiren! ¡Los amo!

SOBRE LA AUTORA

Bella Vida nació y creció en Nueva York. Siempre ha sido un alma creativa con pasión por la escritura. Hay un adagio metonímico que dice "La pluma es más poderosa que la espada".

Con su pequeña pero poderosa herramienta, imprimirá su vida compartiendo algunos de los momentos más intrincados, vulnerables e iluminadores de su vida.

Made in United States
Orlando, FL
13 October 2024

52606318R00055